# Animales en todas partes

por Ann Corcorane

Consultora:
Adria F. Klein, Ph.D.
California State University, San Bernardino

capstone
classroom
Heinemann Raintree • Red Brick Learning
division of Capstone

Los cachorros están sobre el piso.

Los cachorros están fuera del piso.

El oso está en el agua.

El oso está en el pasto.

El león está en la sombra.

El león está bajo el sol.

Las vacas están en el establo.

# Las vacas están en el prado.

# La rana está en la laguna.

La rana está encima de la piedra.

El zorro está dentro de la madriguera.

El zorro está fuera de la madriguera.

# El pájaro está en un nido.

El pájaro está sobre la rama.

# ¡Los animales están en todas partes!